Pessoas são **Presentes** de **Deus**

CB001041

EDITORA
EME

Solicite nosso catálogo completo, com mais de 300 títulos, onde você encontra as melhores opções do bom livro espírita: literatura infantojuvenil, contos, obras biográficas e de autoajuda, mensagens espirituais, romances palpitantes, estudos doutrinários, obras básicas de Allan Kardec, e mais os esclarecedores cursos e estudos para aplicação no centro espírita – iniciação, mediunidade, reuniões mediúnicas, oratória, desobsessão, fluidos e passes.

E caso não encontre os nossos livros na livraria de sua preferência, solicite o endereço de nosso distribuidor mais próximo de você.

Edição e distribuição
EDITORA EME
Caixa Postal 1820 – CEP 13360-000 – Capivari – SP
Telefones: (19) 3491-7000/3491-5449
vendas@editoraeme.com.br – www.editoraeme.com.br

ELISANGELA BARBOSA DA SILVA

Pessoas são Presentes de Deus

Capivari-SP
– 2020 –

5ª reimpressão – dezembro/2020 – Do 8.501 a 9.500 exemplares

Capa e Diagramação
Editora EME

Capa ilustração
Nori Figueiredo

Fotografias
Nori Figueiredo e Istockphotos

Revisão
Rute Villas Boas

Ficha catalográfica elaborada na editora
Barbosa da Silva, Elisangela
   Pessoas são presentes de Deus, texto de Elisangela Barbosa da Silva. (1ª edição, setembro/2005) 5ª reimp, dezembro/2020; Editora EME, Capivari-SP.
   136 p.
1 - Reflexões sobre pessoas – Espiritismo
2 - Autoajuda – Vida em Sociedade

CDD 133.9

Índice

Prefácio:

Declarar Amor

Declarar Amor

emonstrar o amor é uma forma de deixar a vida transbordar dentro do próprio coração.

A maioria das pessoas estabelece datas especiais para manifestar o seu amor pelo outro: é o dia do aniversário, o natal, o aniversário de casamento, o dia dos namorados.

Para elas, expressar amor é como usar talheres de prata: é bonito, sofisticado, mas somente em ocasiões muito especiais.

E alguns não dizem nunca o que sentem ao outro. Acreditam que o outro sabe que é amado e pronto. Não é preciso dizer.

É importante saber dizer: amo você! O gesto carinhoso, a palavra gentil autêntica, a demonstração afetiva num abraço, numa delicada carícia funcionam como estímulos para o estreitamento dos laços indestrutíveis do amor.

É urgente que, no relacionamento humano, se quebre a cortina do silêncio entre as criaturas e se fale a respeito dos sentimentos mútuos, sem vergonha e sem medo.

A pessoa cuja presença é uma declaração de amor consegue criar um ambiente especial para si e para os que privam da sua convivência.

Quem diz ao outro: eu amo você, expressa a sua própria capacidade de amar, mas também, afirmando que o outro é amado, se faz amar e cria amor ao seu redor.

Não basta amar o outro. É preciso que ele saiba que é amado!

Armando Ettore, *é ex-funcionário do Banespa, fez a tradução e adaptação desta mensagem do site denominado Pensamentos Positivos da Espanha, sem autor identificado, da coluna pensamentos do dia.*

1

Apresentação

Alguém já escreveu que pessoas são um presente, relacionando-as a presentes de Natal, de aniversário, e que, portanto, somos presentes uns para os outros.

Na realidade, pessoas são os melhores presentes que recebemos, pois Deus nosso Pai é que nos presenteou.

Aos 17 anos de idade tive uma grande vontade de escrever sobre pessoas e mostrar que em nossas vidas elas são essenciais.

Passaram-se 11 anos, e a idéia amadureceu.

Agradeço por isso, e percebo que também amadureci.

Muitos presentes me foram apresentados, muitos eu deixei passar, outros cativei.

Vivi...

Hoje me coloco aqui com um objetivo: tentar transcrever aquilo que pensei, que penso e, com certeza, irei continuar pensando: PESSOAS SÃO PRESENTES DE DEUS.

PRESENTES com características individuais, peculiares.

CAIXAS SURPRESAS que devemos desvendar, com cuidado e muito carinho.

Antoine de Saint-Exupéry[1] escreveu:

---

[1] Texto retirado da página da internet sobre obra e vida de Antoine de Saint-Exupéry, frases e pensamentos.

"Acaso"

"Cada um que passa em nossa vida, passa só, pois cada pessoa é única, e nenhuma substitui a outra.

Cada um que passa em nossa vida, passa sozinho, mas não vai só, nem nos deixa só. Leva um pouco de nós, deixa um pouco de si.

Há os que levaram muito, mas não há os que não deixaram nada. Esta é a maior responsabilidade de nossa vida e a prova de que duas almas não se encontram por acaso...".

Pessoas sendo presentes de Deus, temos uma grande responsabilidade para com elas.

Não basta simplesmente tolerá-las ou fazer pior, abandoná-las. Devemos aprender a conviver.

Se você tem uma pedra e quer que ela lhe dê água, mas sabe que é impossível isso acontecer, tente ver nela uma utilidade. Por exemplo, veja se dá para descansar os seus pés, para proteger na sombra, para se sentar.

As pessoas não são como gostaríamos que fossem, cada ser é único.

Esses presentes devem ser abertos com muito carinho. Devem ser cativados.

Perguntaram a Chico Xavier:[2] — Acredita que tenha inimigos?

---

[2] Extraído do livro "No mundo de Chico Xavier," de Elias Barbosa, editado pelo IDE.

"Acredito que tenho amigos que ficaram diferentes quando reconheceram que não sou a pessoa ideal que eles julgavam que eu fosse".

2

Reflexão

O Espírito Emmanuel nos leva a profundas reflexões ao ressaltar, na mensagem abaixo, o que as pessoas desempenham na vida.

A mensagem cujo título é: "Na Esfera Íntima[3]", será o ponto de partida para as considerações que serão apresentadas nos capítulos posteriores:

"A vida é máquina divina da qual todos os seres são peças importantes, e a cooperação é o fator essencial na produ-

---

[3] Xavier, Francisco Cândido, pelo Espírito Emmanuel, Fonte Viva, editado pela FEB.

ção da harmonia e do bem para todos.

Nada existe sem significação.

Ninguém é inútil.

Cada criatura recebeu determinado talento da Providência Divina para servir no mundo e para receber do mundo o salário da elevação.

Velho ou moço, com saúde do corpo ou sem ela, recorda que é necessário movimentar o dom que recebeste do Senhor, para avançares na direção da Grande Luz.

Ninguém é tão pobre que nada possa dar de si mesmo.

O próprio paralítico, atado ao catre da enfermidade, pode fornecer aos outros a paciência e a calma, em forma de paz e resignação.

Não olvides, pois, o trabalho que o Céu te conferiu e foge à preocupação de interferir na tarefa do próximo, a pretexto de ajudar.

Quem cumpre o dever que lhe é próprio, age naturalmente a benefício do equilíbrio geral.

Muitas vezes, acreditando fazer mais corretamente que os outros o serviço que lhes compete, não somos senão agentes de desarmonia e perturbação.

Onde estivermos, atendamos com diligência e nobreza à missão que a vida nos oferece.

Lembra-te de que as horas são as mesmas para todos e de que o tempo é nosso silencioso e inflexível julgador.

Ontem, hoje e amanhã são três fases do caminho único.

Todo dia é ocasião de semear e colher.

Observamos, assim, a tarefa que nos cabe e recordemos a palavra do Evangelho: — '*Cada um administre aos outros o dom como o recebeu, como bons dispensadores da multiforme graça de Deus*' (*I Pedro, 4:10*). Para que a graça de Deus nos enriqueça de novas graças."

3

Pessoas e Jesus

Falar de pessoas é acima de tudo lembrar do mandamento maior — Ame ao próximo como a si mesmo — daquele que sem preconceitos nos revelou o amor mais puro: JESUS.

JESUS, há dois mil anos, nos revelou que amar é o caminho de encontro ao Pai eterno: DEUS.

Quando nós, espíritos em evolução, percebermos isso, viveremos melhor.

Hoje, estamos com os olhos fechados pelo véu do orgulho e do egoísmo e, com certeza, vencer não será tarefa fácil.

Jesus em momento algum disse que

seria fácil, pois como mestre maior, sabia que o nosso orgulho e egoísmo são armas que nos destróem, distanciando-nos das outras pessoas.

Tarefa árdua que temos de enfrentar, hoje ou amanhã, mas teremos de enfrentar.

Buscar a si mesmo no coração não é tarefa fácil.

Encontrar-se, renovar-se, conhecer-se é abrir os corações, é amar.

Pessoas em nossos caminhos nos farão meditar sobre isso.

Seja pelo amor ou pela dor, haverá momentos em que algo nos tocará profundamente. E na reflexão nos lembraremos que o Amor é tudo.

Se procura ser feliz e este é o seu maior sonho, abra os braços para amar. O amor é o que possuímos de melhor, e deve ser doado. Onde nosso coração está, aí estará o nosso Tesouro.

Se permanecemos de braços cruzados, o amor chega e se distancia, pois não há recepção.

Por isso, ame! Quando tiver vontade de dizer a alguém: Eu te amo. Diga. Pode ser um momento único, que depois não retorna.

É muito importante perceber nossos sentimentos e, como pássaros, sermos livres para expressá-los.

Pessoas são presentes. Presentes únicos. Estejam sempre de braços abertos para dar e receber amor.

É o sentimento mais puro que temos.

E o mandamento maior do Cristo: Amar ao próximo como a si mesmo.

Não tenha receio de se conhecer! Não

tenha medo de conhecer o outro.

Tenha sempre, na vida, como exercício diário: O amor.

4

Pessoas e Caridade

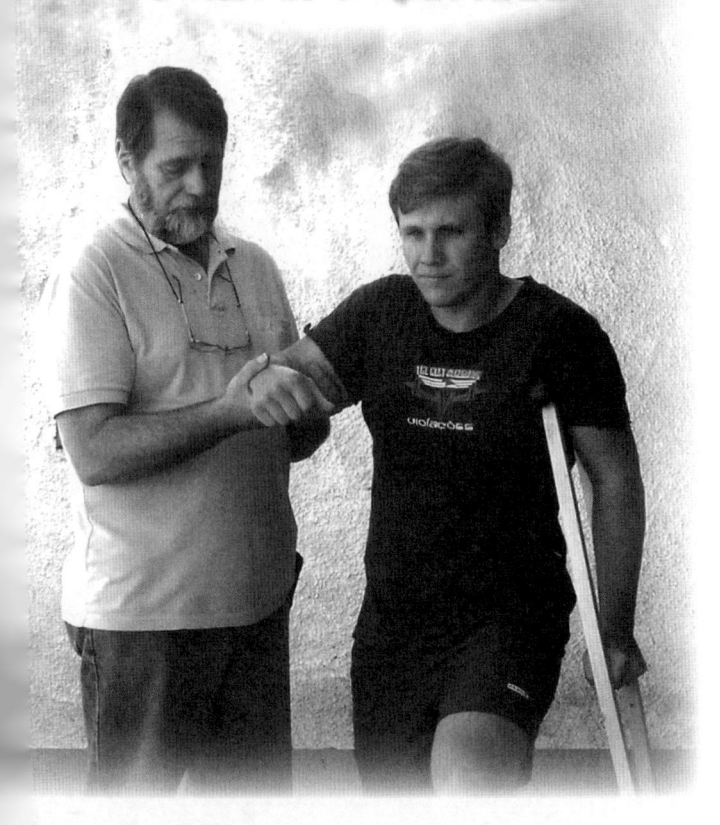

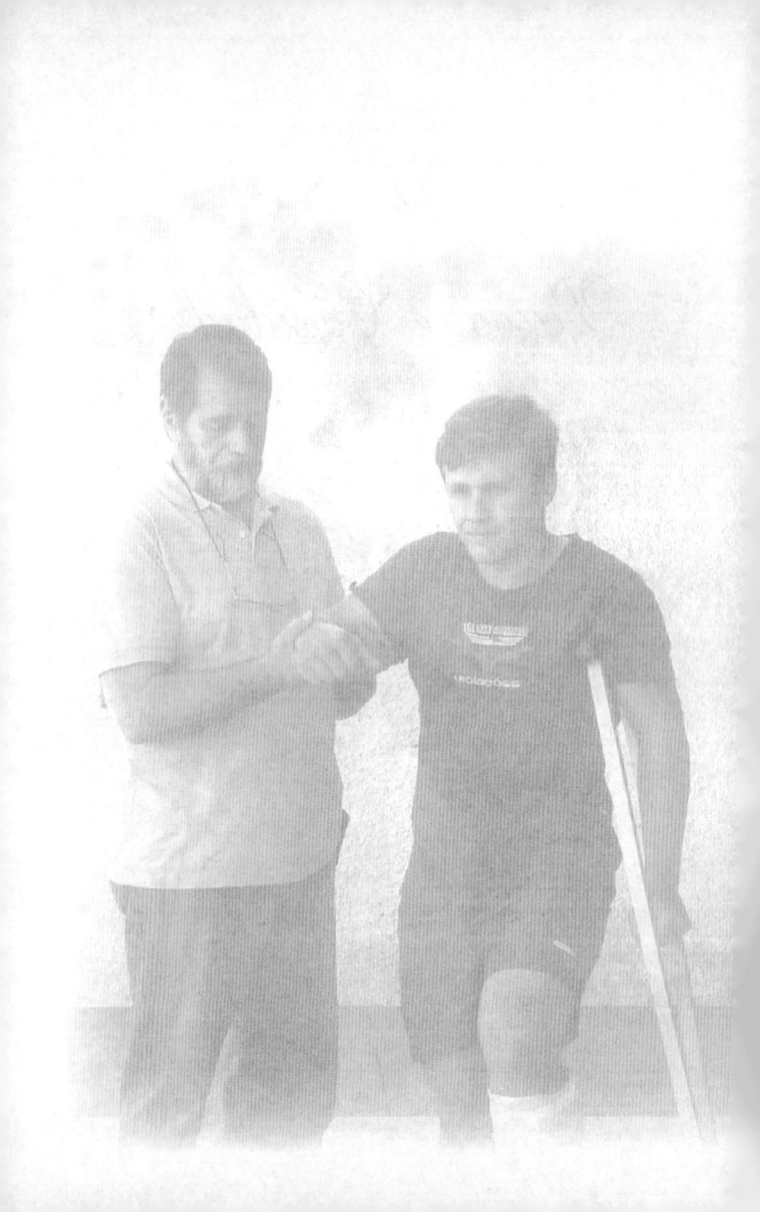

Devemos, a cada instante, vivenciar a proposta de Jesus: "Amarás o teu próximo como a ti mesmo."

Devemos entender que os ensinamentos do Cristo continuam perfeitamente atualizados e passíveis de serem seguidos por todos nós.

A mensagem de amor, de caridade, é presente no dia-a-dia, no agora, e não uma meta distante de nós, uma utopia.

Nas pequenas ações começamos a exercitar a caridade.

A caridade está no fazer o bem aos irmãos de jornada, não apenas no tocante às doações materiais, mas também e principalmente com gestos, carinho e amor.

Certas pessoas que convivem conosco, no dia-a-dia, muitas vezes são extremamente carentes.

Nós, seres humanos, embora juntos, não percebemos a solidão de alguns.

Tenhamos olhos para ver e ouvidos para ouvir!

Vejamos Jesus como irmão de hoje, não como um ser humano que viveu há mais de 2000 anos, num país distante do nosso, que falou de amor, de caridade para outras pessoas.

"A atualidade necessita urgentemente de Jesus descrucificado, companheiro e terapeuta em atendimento de emergência. A fim de evitar-lhe a queda no abismo"[4].

As pessoas que vivem conosco, nossos presentes, são um laboratório para exercitarmos a benevolência, o perdão, e a máxima maior: a caridade.

Jesus exemplificou a cada instante a caridade, com gestos, palavras e atitudes.

Ele nos revelou que este é o melhor caminho para a evolução, pois quando sentimos dentro de nós o amor ao próximo estamos abertos a doar, a amar, a perdoar; deixamos de lado o nosso eu, ou seja, o egoísmo.

O egoísmo e o orgulho não têm espaço quando olhamos para os irmãos de jornada com amor, respeitando a individualidade de cada um.

---

[4] Franco, Divaldo Pereira, Jesus e Atualidade, pelo Espírito Joanna de Ângelis - Editora Pensamento – 10ª edição – 1995.

Que possamos despertar para esta máxima do Cristo e tê-la presente no nosso dia-a-dia, real e atuante.

5

Pessoas e Espiritismo

OEspiritismo nos ensina que temos simpatias e antipatias por pessoas; que encontramos e reencontramos afeições; que a vida em sociedade é essencial para a nossa evolução; e que o Amor ao próximo é a máxima do bem viver.

Doutrina de amor e luz, aponta à humanidade a vida além da morte.

Terceira Revelação, nos fortalece, orienta e consola.

Através dos ensinamentos dos Espíritos, na obra codificada por Kardec, aprendemos que somos Espíritos em evolução. Fica mais fácil conviver com pessoas pelas quais muitas vezes não sentimos simpatia ou afeição. Entendemos que não estamos sós, que a boa convivência é essencial ao crescimento espiritual.

Pessoas são presentes de Deus!

São Espíritos que, como nós, estão buscando a evolução. Uns mais adiantados, já despertos, outros, precisando ainda de uma mão amiga, de carinho, de afeto para caminharem mais fortalecidos.

Devemos olhar para o próximo como irmão de jornada, Espírito encarnado, como nós, com seus vícios e virtudes.

O Espiritismo nos desperta para os ensinamentos de Jesus e nos alerta que já é tempo de deixarmos de lado as viciações, já que a vida não termina aqui, neste plano físico.

É melhor olhar para os irmãos de jornada, nossos presentes, como Espíritos, os quais, como nós, palmilham a estrada da vida em busca da perfeição.

É tempo de percebermos que os familiares são, muitas vezes, desafetos de outras vidas, que novamente caminham conosco para deixarmos de lado o orgulho e o egoísmo.

A Doutrina Espírita, o Consolador prometido por Jesus, nos faz crescer, nos faz perceber que a verdadeira vida não é deste mundo.

Saibamos que: "Entre o berço e o túmulo, o homem detém o usufruto da terra, com o fim de aperfeiçoar-se"[5].

Assim, busquemos a noção da eterni-

---

[5] Xavier, Francisco Cândido, pelo Espírito Emmanuel, Fonte Viva, editado pela FEB.

dade, atentos à seguinte recomendação do Espírito Emmanuel:

"... *Não te agarres, pois, à enganosa casca dos seres e das coisas. Aprendendo e lutando, trabalhando e servindo com humildade e paciência na construção do bem, acumularás na tua alma as riquezas da vida eterna.*"

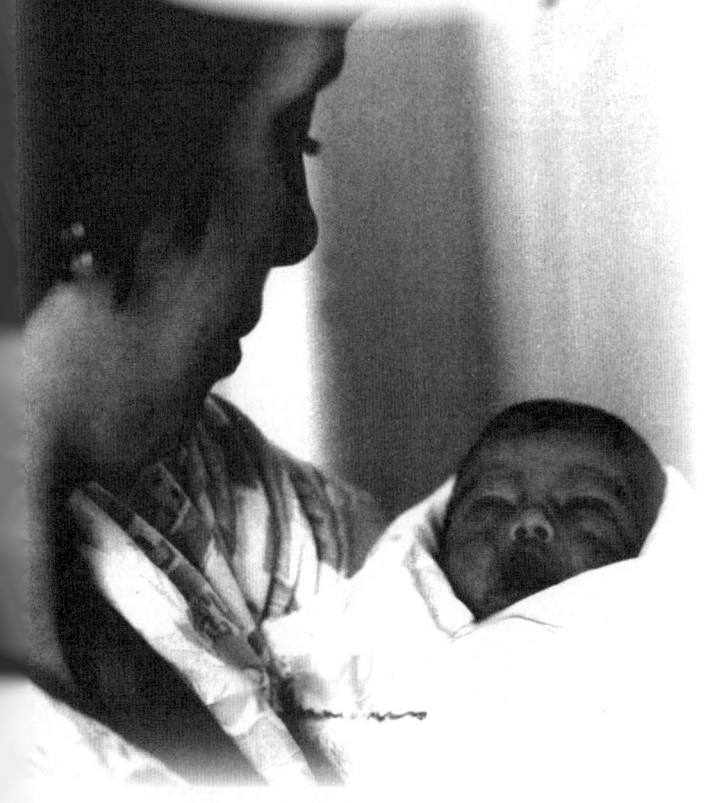

6

Pessoas e Reencarnação

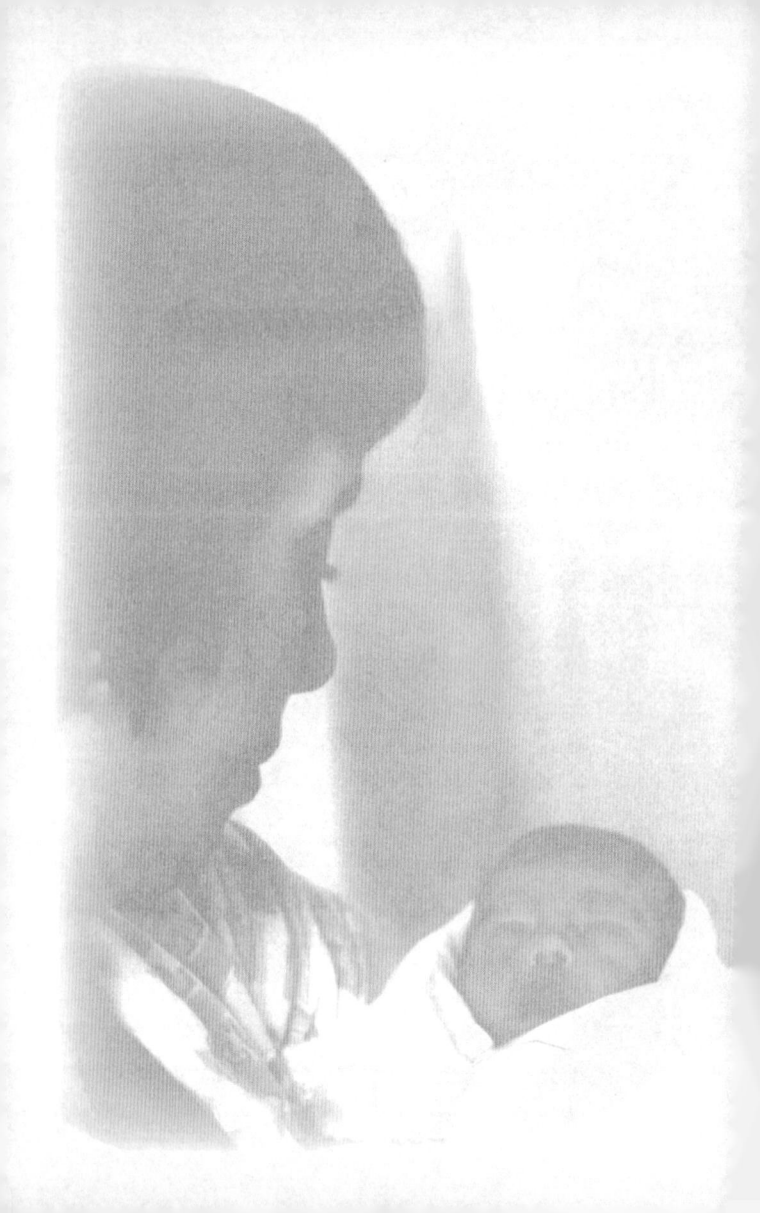

Somos Espíritos reencarnados. Ainda com imperfeições, vícios, mas com algumas virtudes.

Nunca estamos sós. E nem conseguimos viver isolados.

A reencarnação é uma dádiva de Deus, para nós, Espíritos, chegarmos à perfeição.

Jesus nos disse: "Ninguém pode ver o reino de Deus se não nascer de novo."

Os Espíritos formam no espaço grupos ou famílias, unidos pela afeição, simpatia e semelhança de tendências.

Quantos de nós temos afeição profunda por pessoas e nem sabemos explicar esse sentimento?

Seria ignorância limitarmos sentimentos tão profundos, como se pertencentes somente à vida material.

As afeições, as antipatias são encontros ou reencontros necessários para a nossa evolução.

Pessoas são presentes de Deus para que a nossa caminhada não seja tão árdua. Quando temos afeição pelo semelhante conseguimos, caminhando juntos, vencer nossas maiores limitações.

As antipatias são provas importantes para a nossa evolução. Gostar de quem nos tem afeição é fácil. Difícil é vencermos o orgulho e amarmos aos "inimigos".

Temos que exercitar o amor, e como já foi dito: o amor é o mandamento maior do Cristo.

Jesus não caminhou sozinho, escolheu seus apóstolos e por onde andou conquistou corações com o seu amor profundo.

"A psicoterapia que ele utilizava era centrada na reencarnação, por saber que o homem é modelador do próprio destino, vivendo conforme o estabeleceu através dos atos nas experiências passadas[6]".

Houve quem o odiasse, porém com o amor venceu obstáculos.

A reencarnação é a oportunidade que temos de reencontrar pessoas, corrigir os erros do passado e de exercitarmos o amor ao próximo.

---

[6] Franco, Divaldo Pereira, Jesus e Atualidade, pelo Espírito Joanna de Ângelis - Editora Pensamento – 10ª edição – 1995.

Por isso: pessoas são presentes nas nossas vidas, pois juntos venceremos as barreiras e chegaremos mais perto da perfeição.

Olhando o próximo como irmãos em evolução, como companheiros de jornada, viveremos melhor.

7

Pessoas e Perdão

O perdão é uma das virtudes mais completas. Quando perdoamos o próximo, reconhecemos que ele é imperfeito assim como também o somos.

Devemos ver as pessoas como são, em essência: Espíritos em evolução.

A rosa e a violeta são diferentes, conquanto ambas sejam flores.

O respeito à individualidade de cada um, é o início da grande mudança interior.

Já é tempo de percebermos que não somos melhores que ninguém e que perdoar é agir com o próximo como gostaríamos que fizessem conosco.

"Pede perdão e reabilita-te, ante aquele a quem ofendeste e prejudicaste.

Se ele te desculpar, será bom para ambos. Porém, se ele não o fizer, compreende-o e segue adiante, não mais errando.[7]"

Jesus em sua jornada sempre esparziu o amor. Acolheu a mulher que seria apedrejada e, com seu amor, ensinou que deveria atirar a primeira pedra aquele que nunca errou.

Ele fez com que todos que a julgavam se colocassem no seu lugar e, retirando o véu do orgulho e do egoísmo, percebessem que não devemos condenar ninguém.

---

[7] Xavier, Francisco Cândido, pelo Espírito Emmanuel, Fonte Viva, editado pela FEB.

Diante de tantos ensinamentos de bem viver, ainda resistimos aos ensinamentos de amor, fraternidade e perdão, para permanecermos no erro, sofrendo e atrasando nossa evolução.

O momento é esse, de despertarmos, praticando os ensinamentos de Jesus, na atualidade.

Muitas pessoas que caminham conosco, irão errar, irão agir de forma que não gostaríamos que agissem, mas isso não será motivo para abandoná-las, para jogarmos pedras.

Tudo é aprendizado

André Luiz nos ensina: "Viver por viver, todos vivem. O essencial é saber viver".

8

Pessoas e Fraternidade

Já é tempo de despertarmos e compreendermos que o mundo precisa dos corações unidos, num só objetivo, para alcançarmos a Paz.

Que possamos deixar de lado, o "eu", individualista, pois enquanto estivermos juntos, mas separados em objetivos, o mundo continuará cercado de discórdia, de guerra, de pessimismo.

Que a paz que todos procuramos possa ser construída com união, amor, fraternidade, pois somos discípulos de Jesus.

Somos pessoas, irmãos de jornada

e por isso devemos respeitar uns aos outros.

O mundo precisa de pessoas com coração aberto para ajudar aos que estão caídos, os que perderam a esperança de vida; para ajudar os que têm fome; os que vivem por viver, sem rumo, como folha seca levada pelo vento.

Precisamos da fraternidade para estendermos as mãos, e caminharmos juntos.

Jesus disse: "Nisto todos conhecerão que sois meus discípulos: se vos amardes uns aos outros".

Sem amor nada se transforma, o egoísmo destrói os sonhos, e a vida se perde no individualismo.

Por isso devemos lembrar que Deus nos presenteou com pessoas que estarão ao nosso lado, não somente construindo tesouros na Terra, mas, acima de tudo, edificando um Mundo melhor, um mundo de Regeneração, com a prática da fraternidade.

9

Pessoas e Esperança

Deus nos presenteia a cada momento.

Já parou para pensar que você é um presente vivo, que a cada momento você deve cuidar desse presente, pois a vida está em constante evolução?

A evolução é uma esperança. Esperança que estaremos mais perto de Deus. Pois à medida que evoluímos, eliminamos as imperfeições e os vícios que nos prendem ao corpo físico.

Além da nossa própria vida, Deus nos presenteia com pessoas que nos ensinam a amar mais, ter mais tolerância, mais perseverança, que estão ao nosso lado construindo e nos trazendo esperanças.

A vida sem esperança, é como se estivéssemos nas sombras.

Devemos ter esperança em tudo que fazemos, tendo sempre vivo em nós que somos Espíritos em evolução.

Perder a esperança, é destruir sonhos, é não ter rumo, é se distanciar de Deus; e quando isso acontece, nos perdemos em essência, pois somos criados para evoluir, para alcançarmos a perfeição.

Diz um ditado popular que a esperança é a última que morre. Mas o certo é que não morre, porque depois da morte existe a eternidade.

Somos eternos, a esperança não morre jamais, ela está em nós, Espíritos imortais.

Muitos de nós temos a esperança de

encontrar ou reencontrar pessoas que sejam nossos presentes, como a espera de um filho, de um amor, e Deus, para nos ajudar nesta longa jornada, nos presenteia constantemente, basta que tenhamos a sensibilidade para perceber.

Somos presenteados com pessoas e com a realização dos sonhos da nossa vida.

Portanto, tenhamos esperança e que sempre possamos construir algo de bom, pensando no nosso futuro, como companheiros de jornada, como Espíritos imortais que somos, rumando à perfeição espiritual.

10

Pessoas e Solidão

Estamos juntos, mas, às vezes, morrendo de solidão.

Há a realidade de um mundo em que as pessoas caminham juntas, mas muitas vezes separadas, quando lhes falta o AMOR.

Devemos ter o amor sempre vivo em nós, pois ele é o sentimento que transforma o egoísmo, que permite possamos olhar para o outro como irmão de jornada e não como uma pessoa qualquer.

O amor é o verdadeiro medicamento moral para todas as chagas do corpo, da mente e da alma.

Que possamos ter olhos para ver, coração para sentir os presentes que Deus nos dá. Quantas pessoas nos são apresentadas para que possamos, unidos num só objetivo, espargirmos o amor.

Muitos se envolvem com o que o mundo lhes oferece em pompas e glórias; vivem por viver, sem rumo, sem objetivos; perdem-se nos prazeres terrenos, e sofrem por nada construírem; sentem-se solitários porque semearam dor e querem colher paz.

Quantas pessoas suicidam-se, eliminando assim o que Deus lhes deu de melhor e mais precioso: A vida.

O suicídio é a conseqüência da perda do rumo na vida, dos sonhos, da esperança, da fé; pessoas que se entregam aos tormentos íntimos; que olham somente para si próprios, condenando-se, culpando-se e esquecendo que, na sua essência, são Espíritos em busca da perfeição. Precisam renovar-se dia a dia, sem medo de viver, de acenderem a própria luz.

Devemos saber o que Deus espera de nós.

O mundo precisa de todos juntos, unidos pelo amor, construindo um mundo cada vez melhor.

Que possamos dar as mãos aos nossos "presentes", enxergarmos o que eles representam em nossas vidas, percebendo que, não por acaso, estão ao nosso lado. Assim vamos eliminando aos poucos o nosso lado solitário, preenchendo-o com muito amor.

Por isso, nos recomenda o Espírito Emmanuel: *"... Aprendamos a viver com todos, tolerando para que sejamos tolerados, ajudando para que sejamos ajudados, e o amor nos fará viver, prestimosos e otimistas, no clima luminoso em que a luta e o trabalho são bênçãos de esperança"*

11

Pessoas e Preconceitos

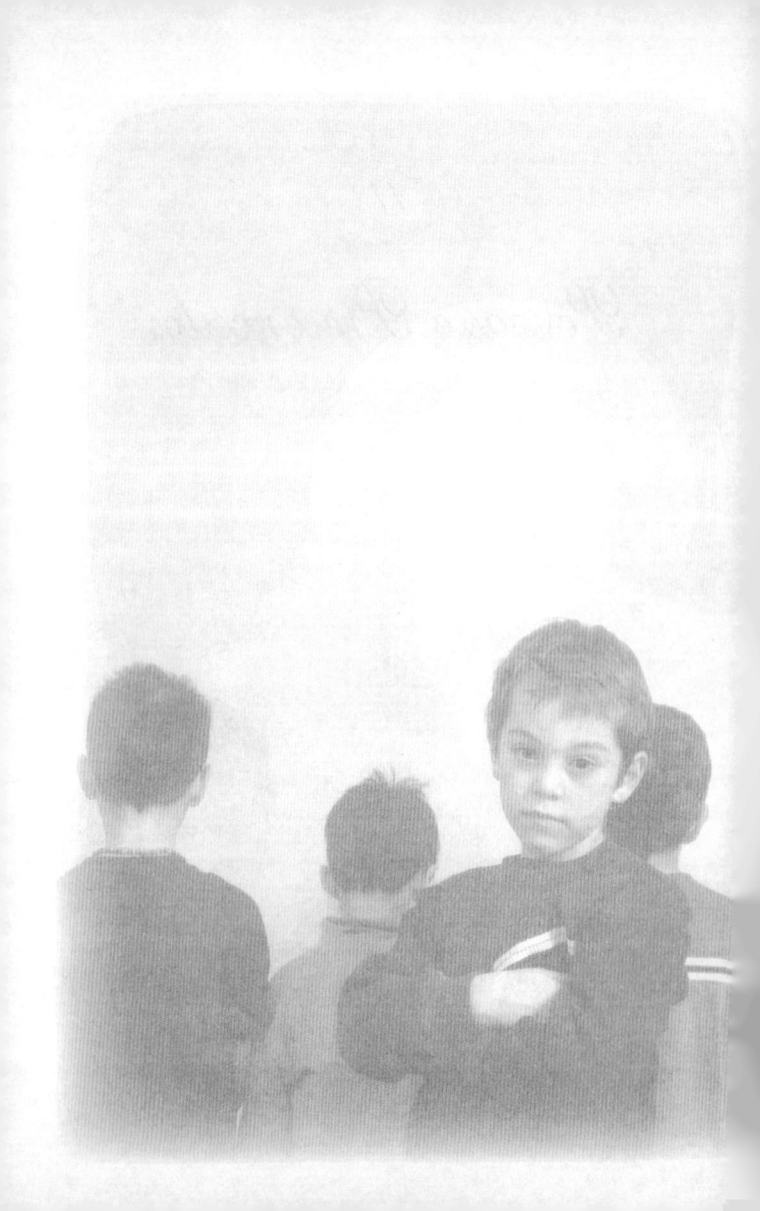

No mundo em que vivemos, encontramos ainda pessoas que rotulam, que discriminam as outras, e que determinam quais serão excluídas do seu convívio, como verdadeiras julgadoras de valores.

Suponhamos que nos seja dado um presente com o Rótulo: Cuidado – Perigo.

Poucos ousariam mexer.

Os mais curiosos chegariam perto, mas a qualquer sinal estranho, se afastariam, com certeza.

Mas outros duvidariam desse rótulo

e abririam a caixa.

Quantas pessoas nos são apresentadas com rótulos e por isso nos afastamos delas...

Rótulos que a própria pessoa cria ou a sociedade impõe.

Não se aproxime de mim porque sou ou dizem que sou: feia, gorda, arrogante, má, homossexual, prostituta, negra, drogada etc.

Às vezes, isso é tão forte que as pessoas se afastam com receio de se aproximarem das pessoas rotuladas.

Há pessoas que se auto rotulam: eu não amo ninguém, não quero receber amor. Com certeza essas pessoas são caixas difíceis de se abrir.

Seria muito fácil abandoná-las, assim como a caixa perigosa. Não correríamos o risco de nos machucar.

Que mérito teríamos então?

Devemos lembrar que também são espíritos encarnados; que precisam de atenção; e que, acima de tudo, são presentes de Deus.

As pessoas nada precisam fazer para serem aceitas como pessoas, não precisam de máscara, só precisam ser elas mesmas.

Muitos de nós discriminamos pessoas pela sua aparência exterior, e perdemos a grande oportunidade de descobrir o melhor, que está no interior delas.

Deixamos, muitas vezes, passar pessoas com ótimo conteúdo, simplesmente porque estabeleceram-se rótulos para esses seres humanos.

Kardec nos ensinou que nada acontece por acaso.

Essas pessoas em nossas vidas não são

obras do acaso.

Por isso, quando aparecer em nossa vida um presente com **rótulo**, devemos lembrar que com paciência, determinação e carinho conseguiremos abri-lo, mas sempre respeitando a sua individualidade. Isso acontecerá, se não cultivarmos os rótulos, se forem eliminados.

Vencendo os preconceitos, deixando de rotular as pessoas, é que nos tornaremos mais unidos e iremos com isso, vivenciar as palavras de Jesus, de amor ao próximo.

12

Pessoas e Decepções

Pessoas em nossas vidas, muitas vezes irão agir de forma que não concordamos, gerando frustrações.

Pré-julgando comportamentos, atitudes dos nossos irmãos de jornada, criamos uma expectativa que muitas vezes não se concretizará.

É como se aguardássemos ansiosos para recebermos um presente, e ele não chegasse; ou se chegasse, ao abrirmos não gostássemos dele.

Ao invés de lutarmos contra essa antipatia, nos afastamos, por ser mais fácil.

Esses seres tornam-se presentes abandonados: não conseguimos dar a eles um significado ou a atenção que merecem.

Em que estamos evoluindo quando, na existência de um obstáculo, desistimos da luta?

Como já foi comentado, o acaso não existe. É muito fácil gostar de quem gosta de nós. Difícil é exercitarmos a capacidade de perdoar, de gostar de quem não nos inspira afeição.

E é por isso que no caminho da evolução iremos encontrar essas caixas surpresas, das quais não iremos gostar do seu conteúdo; porém não podemos abandoná-las, como costumamos fazer com os objetos materiais.

"Os homens, porém, na superficialidade dos seus interesses, anelam apenas pelo imediato, que lhes satisfaz num momento, deixando-os ansiosos outra vez"[8].

Paremos para observar que a maioria das nossas decepções com as pessoas são porque esperamos que elas nos dêem além do que podem.

Como já mencionamos anteriormente, se temos uma pedra e queremos que ela nos dê água, entendamos que isso nunca irá ocorrer. Porque, então, não tirar essa expectativa e passar a ver o que realmente ela pode nos oferecer?

Talvez ela possa nos ofertar um bom descanso para os pés cansados.

Devemos também nos questionar o que estamos oferecendo aos outros, qual expectativa estão tendo de nós.

---

[8] Franco Divaldo Pereira, Jesus e Atualidade, pelo Espírito Joanna de Ângelis - Editora Pensamento – 10ª edição – 1995.

Que somos seres imperfeitos, isso é uma realidade. O que não podemos deixar é que nos acostumemos com os erros, sem que haja um esforço de melhoramento. Não devemos deixar que palavras de amor, de solidariedade, de fraternidade sejam esquecidas simplesmente porque não nos esforçamos para destruir em nós o egoísmo, a inveja, o orgulho. Devemos ter como objetivo sempre o aperfeiçoamento, a evolução.

Lembremo-nos de que na vida devemos dar para também receber, ela é uma troca de carinhos, afeições, dedicações e amor.

13

Pessoas e Intimidades

Já parou para pensar quantos segredos uma pessoa pode guardar?

Há caixinhas surpresas as quais, no seu interior, guardam surpresas ainda maiores.

Quem já não brincou de presentear pessoas com uma caixa grande, contendo outras menores, sendo a surpresa colocada na última caixa, dentro das demais?

Pois bem, há pessoas em nossas vidas que são assim.

Quando pensamos que já desvendamos aquele segredo, quando já estamos cativados pelo presente, descobrimos que muito temos ainda que conhecer.

São pessoas que se escondem muito profundamente e que, por isso mesmo, com muita paciência, teremos de abrir caixa por caixa até chegarmos ao principal.

Há pessoas que são tão fechadas que só depois de muito jeitinho é que conseguimos entendê-las, desvendá-las, e assim aprenderemos a conviver melhor com elas.

Só com paciência e amor conseguiremos conviver com essas pessoas.

Respeitar intimidades é compreender que somos únicos em essência, porém não conseguimos viver sozinhos. O mundo necessita de cada uma das essências para construir um todo.

Às vezes criamos uma expectativa muito grande em relação a pessoas que ainda têm pouco para oferecer. Devemos começar valorizando esse pouco.

Somos Espíritos encarnados, cada qual com seus vícios, suas virtudes e possuindo cada qual sua individualidade. O convívio entre nós deve ser pautado acima de tudo pelo respeito mútuo, pelo amor que une e vence obstáculos.

Jesus Cristo nos ensinou isso quando acolheu a mulher pecadora, os obsediados, os chamados "leprosos", simplesmente porque amava a todos, indistintamente. Respeitava cada um, entendendo que todos tinham sentimentos, os quais não podiam ser destruídos.

Após tantos anos e tantos ensinamentos, ainda hoje, em certas situações, não respeitamos as individualidades.

Ninguém é inútil.

Cada ser é único.

As pessoas têm que ser aceitas como são, e não como gostaríamos que fossem.

Como nos ensina o Espírito Emmanuel: "É imprescindível aperfeiçoar nosso modo de ver e de sentir, a fim de avançarmos no rumo da vida superior."

14

Pessoas e Aparências

Muitas pessoas selecionam companhias pela aparência, esquecendo-se da importância do conteúdo delas, buscando somente o visual exterior.

São pessoas que valorizam o superficial, que vêem os outros como objetos.

O progresso tecnológico, com a influência da televisão, cria modelos de perfeição, imitados por indivíduos que acabam perdendo a essência do seu verdadeiro "eu". A mídia a todo momento incentiva a valorização do corpo perfeito, da mulher vistosa, do rapaz sarado etc...

Não devemos nos limitar à aparência.

Alguns presentes por virem em caixa muito grande, ou ao contrário, em caixa muito pequena, fazem julgar erroneamente o seu conteúdo.

Quando valorizamos o "corpo" e esquecemos da "alma", prendemo-nos cada vez mais às coisas materiais distanciando-nos de Deus, pois o corpo é matéria, o conteúdo é o Espírito.

Tenhamos cuidado para não valorizarmos as pessoas só pela sua aparência exterior.

Precisamos deixar de lado a frase: "a primeira impressão é a que fica".

Jesus Cristo teve como companheiros de caminhada pessoas de diversos tipos, e não discriminou nenhuma. Teve seguidores de todas as classes sociais, porque, como mestre, sabia que eram irmãos acima de tudo. Exortava o Amor com exigência e disciplina (vai e não peques mais) como solução.

Teremos muitos encontros e reencontros em nossa jornada.

Os encontros, muitas das vezes, serão momentâneos, pessoas que passam pela nossa vida, naquela ocasião significativamente, porém que não criarão raízes. Por exemplo: pessoas que conhecemos na faculdade, no trabalho, que na ocasião são importantes, mas que muitas vezes vão embora e perdemos contato.

Nada existe sem significação.

Nunca devemos desprezar o que uma pessoa tem para nos oferecer, cada momento de nossa vida é único.

Brancos, negros, amarelos, vermelhos ou mestiços, somos todos irmãos — filhos do mesmo Pai Eterno. Tenhamos humildade na aceitação das pessoas como são.

Tenhamos humildade.

15

Pessoas e Responsabilidade

É muito importante respeitar o próximo, os sentimentos das pessoas que estão ao nosso lado.

O mundo se perde em prazeres da carne, onde as pessoas muitas vezes se aproximam das outras por interesses materiais, sexuais, esquecendo que o outro tem sentimento, que sofre, e que acima de tudo deve ser respeitado.

Quando as pessoas usam as outras, com atos de leviandade, acabam muitas vezes destruindo sonhos, vida, esperanças.

Quando se fala em união, há que se

pensar em caminhar juntos e atentar para a responsabilidade por aqueles que conosco trilham o caminho da evolução.

Se erramos, não devemos culpar o próximo, compreendendo que somos responsáveis por nossos atos, e que tudo o que semearmos, iremos colher.

Cada um de nós é responsável pela construção de um mundo melhor.

Uma frase conhecida é: "Somos eternamente responsáveis por aquilo que cativamos."

Porque quando cativamos uma pessoa, e essa pessoa nos dá amor, não podemos depois abandoná-la, desprezá-la. Nada de brincar com os sentimentos alheios.

Jesus nos ensinou: Ame ao próximo como a si mesmo.

Devemos amar as pessoas que caminham conosco compartilhando a paz, cultivando o bem e transformando o mal.

Nada se constrói com uma única ação, de um só ser.

Sermos responsáveis é percebermos quc o mundo precisa de amor, de sinceridade e da união de todos. Respeitar o próximo é unir-se a Deus.

Pessoas e Família

Nossos familiares são presentes de Deus para a nossa caminhada e evolução; estão ao nosso lado para serem respeitados e acima de tudo aprendermos que é dentro do lar que exercitamos o amor ao próximo. Primeiramente devemos amar os que estão mais próximos, os que convivem conosco.

Viver em família é um teste constante de perseverança e paciência.

Com amor perdoamos, somos mais solidários, conseguimos vencer os vícios da alma, como o orgulho e o egoísmo.

O amor é essencial na vida em família. Ajuda a compreender diferenças, a respeitar as dificuldades, e, acima de tudo, entender que no seio familiar existem laços profundos, criados por Deus.

A família é um dos maiores presentes de Deus.

Seremos na sociedade, o que somos no lar.

Devemos nos lembrar que somos Espíritos encarnados e que é na família que se reúnem, na maioria das vezes, Espíritos simpáticos, ligados por anteriores relações de amor ou de dor.

A família é escola de evolução. Convivemos também com pessoas que muitas vezes nos ensinam ou nos obrigam a resgatar os erros do passado.

Muitas vezes não é tarefa fácil e deixamos o orgulho falar mais alto, quando há grandes desentendimentos, quando não conseguimos perceber que Deus nos oferece situações para melhorarmos, para que possamos vencer o que há de primitivo em nós. Porém, devemos despertar e compreender que na vida nada existe por acaso.

Todas as diferenças, as dificuldades devem ser combatidas pelo exercício constante do amor e da fraternidade. Cursando a escola da vida, devemos "passar de ano", não adianta estacionar, o nosso objetivo sempre é a evolução. Se Deus nos oferece de presente pessoas que amamos, também nos oferece pessoas que devemos aprender a amar.

Amemos a todos indistintamente, respeitando-os sempre.

Exercitando o amor no seio da família, estaremos mais próximos de Deus, construindo todos uma Grande Família Universal, unida pelos laços da fraternidade.

17

Pessoas e Nós

Como temos cuidado dos nossos presentes?

Este é um convite à reflexão, para que possamos observar as pessoas que nos cercam; para analisar se estamos tentando entendê-las no seu modo de ser, sem querer modificá-las, para melhor nos agradar.

É certo que encontraremos pessoas fechadas ao amor, outras difíceis de conviver, porém não devemos desanimar.

Muitas pessoas são colocadas pelo Criador em nosso caminho para que possamos exercitar a humildade, a paciência.

Que possamos cativar as pessoas e estarmos abertos para sermos cativados.

Que tipo de caixas surpresas somos?

É um grande exercício de aperfeiçoamento, procurar identificar como nos apresentamos aos outros.

Entender as pessoas, é abrir o caminho para a evolução, para nos aproximarmos mais de Nosso Pai.

Nossa vida é um presente vivo e uma grande responsabilidade para nós.

Com que olhos estamos enxergando o mundo e as pessoas?

E o mundo, e as pessoas como nos têm enxergado?

É tempo de despertarmos para a realidade da vida e das pessoas que Deus criou.

18

Pessoas são...

Pessoas São Presentes

(A/EM/C/G - EM/A - C/G)

(Elisangela)

      A   E
Existem pessoas no mundo
         C   G
Que precisam de você
A   E
Nos quatro cantos da Terra
C   G
São presentes pra você
E   A
Abra sempre o seu coração

E A
Receba esse seu irmão
E A
Não deixe um abraço

Na mão
C G
Não diga não...

Pessoas são Presentes

Existe, por acaso, algo mais espetacular do que gente? Pessoas são um presente. Algumas têm embrulho bonito, como os presentes de Natal, Páscoa ou festa de aniversário. Outras vêm em embalagens comuns, e há as que ficaram machucadas no correio... De vez em quando chega uma registrada. É... são presentes valiosos.

Algumas pessoas trazem invólucros fáceis. De outras é dificílimo, quase impossível, tirar a embalagem. É fita que não acaba mais.

Mas a embalagem não é o presente.

Pena que tantas se enganam, confundin-
do embalagem com presente.

Por que será que alguns presentes são
complicados para a gente abrir? Talvez
porque dentro da bela embalagem haja
pouco valor e muita solidão, ou porque
exista algo muito valioso para ser des-
coberto.

Você e eu somos um presente. Triste,
se formos apenas um presente com uma
embalagem muito bem enfeitada, mas
sem nada por dentro.

Quando existe uma verdadeira cone-
xão, no diálogo, no interesse, na amizade,
no amor pelas pessoas, deixamos de ser
mera embalagem e passamos à categoria
de presentes reais. Sabe por quê?

UM PRESENTE NÃO EXISTE PARA
SI, MAS PARA FAZER OS OUTROS
FELIZES.

Conteúdo interno, ter sempre algo a oferecer, é o segredo para quem deseja tornar-se PRESENTE para os outros, e não apenas embalagem.

Seja sempre um presente real àqueles que estão ao seu redor. Descubra os presentes valiosos, mesmo que as embalagens sejam complicadas, que esperam ser abertos, e estão super perto de você.

Um abraço de presente.

20

Palavras Finais

No mundo de hoje, cercado de guerras, pelo ter e poder, com interesses múltiplos, em que as pessoas se distanciam cada vez mais uma das outras, por medo, por desconfiança, devemos vivenciar a mensagem do CRISTO, pois amar ao próximo, exercer a caridade, é a forma de nos unirmos para um mundo melhor.

Posfácio:

Se eu Morrer Antes de Você

There seemed a certainty in degrada-
tion.
    T. E. Lawrence, *Seven Pillars of
    Wisdom*, CIII

En el Asia Menor o en Alejandría, en el se-
gundo siglo de nuestra fe, cuando Basílides publi-
caba que el cosmos era una temeraria o malvada
improvisación de ángeles deficientes, Nils Runeberg
dirigiría, con singular pasión intelectual, uno de
los congregaciones gnósticas. Dante le hubiera des-
tinado, tal vez, un sepulcro de fuego; su nombre au-
mentaría los catálogos de heresiarcas menores...
...cas, exornado de...
...rito *Liber adversus*...
...do el último...
...tó el último. Dios la de...
...naria de...
...imera edición de K...

Se eu morrer antes de você
Se eu deixar o corpo antes de você,
faça-me um favor:

Chore o quanto quiser mas não brigue com Deus por Ele haver me levado.

Se não quiser chorar, não chore.

Se não chorar, não se preocupe.

Se tiver vontade de rir, ria.

Se alguns amigos contarem algum fato a meu respeito, ouça e acrescente sua versão.

Se me elogiarem, corrija o exagero. Se me criticarem demais, defenda-me.

Se me quiserem fazer um santo só

porque morri, mostre que eu tinha um pouco de santo mas estava longe de ser o santo que me pintam.

Se me quiserem fazer o demônio, mostre que talvez tivesse um pouco de demônio, mas que a vida inteira eu tentei ser bom e amigo.

Espero estar com Ele o suficiente para continuar sendo útil a você, lá onde estiver.

E se tiver vontade de escrever alguma coisa sobre mim diga apenas uma frase:

— Foi meu amigo, acreditou em mim e me quis mais perto de Deus.

Aí então derrame uma lágrima. Eu talvez esteja presente, invisível para você, e se não der para enxugá-la não tem importância. Eu sei que outros amigos farão isso no meu lugar.

E, vendo-me bem substituído, irei cuidar da minha nova tarefa, na outra dimensão, onde estiver.

Mas, de vez em quando, dê uma espiadinha na direção de Deus. Você não me verá mas eu ficarei muito feliz vendo você olhar para Ele.

Você acredita nessas coisas!

Então, ore para que nós vivamos como quem sabe que vai desencarnar um dia, e que morramos como quem soube viver de acordo com a lei de Deus. Agora já sabemos que nós somos companheiros que caminham para o céu. Céu que principia na Terra. E Jesus é o Caminho, a Verdade e a Vida.

Amizade só faz sentido se traz o céu para mais perto da gente e se inaugura aqui mesmo seu começo.

Bem, se acontecer de eu morrer antes

de você, acho que não vou estranhar o céu... "Ser seu amigo... já é estar num pedaço dele..."

Mensagem de autoria não identificada, enviada por Ariovaldo Cavarzan pela internet, com adaptação de RC. Extraída da Agenda Renascer